COMMISSION ADMINISTRATIVE

DE LA

COMMUNE DE COLLONGES-AU-MONT-D'OR.

MÉMOIRE

SUR LA QUESTION :

Peut-il y avoir simultanément deux églises à Collonges ?

LYON.

IMPRIMERIE ET LITHOGRAPHIE DE TH. LÉPAGNEZ,
à la Croix-Rousse, petite rue de Cuire, 8.

1852.

208

MÉMOIRE

SUR LA QUESTION :

Peut-il y avoir simultanément deux églises à Collonges ?

Aujourd'hui, quatorze mai mil huit cent cinquante-deux, la Commission administrative de la commune de Collonges, étant réunie dans la salle de ses séances, sous la présidence de M. Morel, président, pour continuer à tenir la session légale.

Étaient présents : M. Valansot (Bernard), M. Mercier (Jean-Nicolas), M. Vergnais (Balthazard), M. Briandas, M. Lemire (Noël), M. Mercier (Bloze), M. Servandon (Nizier), M. Chastel.

M. Morel ouvre la séance et propose de continuer à s'occuper des affaires qui intéressent la Commune.

Un membre du Conseil ayant élevé la question de savoir s'il devait y avoir deux églises à Collonges, comme cela a lieu de nouveau, depuis quelque temps, le Conseil, après une discussion approfondie et après avoir pris connaissance des délibérations des administrations précédentes, et notamment de celles des

28 novembre 1841, décidant qu'une église serait créée;

3 septembre 1843, demandant l'autorisation pour accepter la donation de l'église;

26 octobre 1843, contenant réponse motivée aux requêtes présentées contre la création d'une église;

11 février 1844, demandant création d'un vicariat à Collonges :

21 juillet 1844, décidant de nouveau que l'acceptation de la donation de l'église, aurait lieu; que l'ancienne église pourra être une *chapelle* et non une *succursale ;*

13 avril 1845, décidant qu'un presbytère serait construit ;

10 mai 1846, refus par quatorze membres sur dix-neuf, du traitement du vicaire ;

14 mai 1847, vote de fr. 300, pour le vicaire, *sous condition qu'il dira la Messe dans l'église paroissiale, tous les dimanches et fêtes d'obligation, de l'année.*

13 mai et 16 juin 1850, contenant réponse aux demandes de M. Pey (Laurent) et autres formant la Commission pour la construction et la donation de l'église, et demande d'une autorisation pour plaider contre eux ;

16 février 1851, demande du rétablissement de la Messe dans l'ancienne église, en se fondant sur le *nombre des habitants du haut de la Commune,* et sur ce que *tous les dimanches,* y est-il dit, *des personnes de chaque famille du haut étaient présentes à la paroisse;*

Vu en outre :

1° La donation reçue M⁰ Fabre, notaire à St-Cyr, le 19 septembre 1843 ;

2° L'ordonnance royale du 13 février 1845 ;

3° L'ordonnance de S. Ém. le Cardinal de Bonald, Archevêque de Lyon, en date du 27 février 1845;

Considérant,

Qu'une église existait en la commune de Collonges, mais que placée à l'extrémité du triangle que forme le territoire de la Commune, et à environ 240 mètres audessus du niveau de la portion la plus habitée, elle était, à cause de son éloignement et de son élévation, peu fréquentée par les habitants, qui préféraient aller entendre les offices du culte dans les églises de St-Rambert ou de Fontaines, suivant que l'une ou l'autre se trouvait plus rapprochée des habitants;

Que cet état de chose était intolérable pour le plus grand nombre, et après plusieurs entrevues avec l'Autorité préfectorale d'alors et l'Archevêque de Lyon, une souscription s'organisa, d'après ces paroles remarquables de S. Ém. Monseigneur de Bonald : « *Ce n'est pas une chapelle, mais une église centrale qu'il faut à Collonges. Bâtissez une église, et je la reconnaîtrai; d'ailleurs je ne souffrirai jamais deux églises à Collonges, j'en connais trop les inconvéniens.* »

Et la nouvelle église a été construite sur l'emplacement même que Monseigneur de Bonald désigna du doigt, sur la carte de la Commune, emplacement qui se trouvait au centre géométral du territoire total; elle était notablement plus rapprochée du quartier de l'ancienne église, que de tout autre quartier de la Commune;

Que la nouvelle église ayant été construite, suivant acte en date du 19 septembre 1843, reçu par Mᵉ Fabre, notaire à St-Cyr-au-Mont-d'Or, et en présence de témoins et enregistré, les membres de la Commission pour la construction de l'église ont fait donation entre-vifs à la commune de Collonges-au-Mont-d'Or, de l'église qu'ils avaient fait édifier sur ladite Commune, au territoire du Puits-d'Ouillon, et d'un terrein y contigu; laquelle donation acceptée par le Maire de ladite Commune, en vertu d'une délibération du Conseil municipal, en date du 3 septembre 1843; et conformément à l'article 48 de la loi du 18 juillet 1837, a été faite et acceptée, *sous la condition formelle que l'exercice du culte catholique, apostolique et romain aurait lieu particulièrement dans l'église donnée et exclusivement à tout autre lieu;*

Que par ordonnance Royale en date du 13 février 1845, la commune de Collonges a été autorisée à accepter l'église neuve, bâtie au moyen de souscriptions particulières, au centre du territoire de la Commune, à condition *que le culte paroissial y serait transféré et exclusivement exercé à toute autre église;*

Que par ordonnance donnée par son Eminence le Cardinal de Bonald, Archevêque de Lyon, primat des Gaules, en date du 27 février même année, il a été ordonné que *le culte paroissial serait exclusivement exercé dans l'église neuve de Collonges;* que le desservant l'annoncerait au prône, afin que tous les paroissiens de cette nombreuse et édifiante paroisse en soient prévenus, et que ladite ordonnance serait transcrite sur les registres de la paroisse et de la fabrique, à la diligence de M. le Curé desservant ;

Que toutes ces citations, de ces donation et ordonnances sont extraites *littéralement* de leurs textes ;

Qu'en exécution de ces donation et ordonnances, le culte paroissiale a été exercé d'abord *exclusivement* dans la nouvelle église ; mais après environ une année, un culte a été de nouveau établi dans l'ancienne église de la Commune, au mépris de tous les engagemens pris et de toutes les paroles données ; l'Autorité supérieure ecclésiastique disant que ce ne serait qu'une *mesure transitoire*, qui ne devait durer que *six mois;* par cette concession on pensait ramener la paix dans Collonges ; l'erreur fut complète, car la division des esprits a commencé alors pour ne plus finir ;

Que le Conseil municipal d'alors prévoyant les suites funestes de cette déplorable mesure, résista de tout son pouvoir à la réouverture de l'ancienne église, mais il dut céder aux injonctions formelles de l'Autorité ecclésiastique ; cependant on n'a jamais regardé comme définitive une mesure qui n'a obtenu qu'un assentiment de circonstance, arraché pour ainsi dire par la force matérielle ;

Qu'aussi ce même Conseil municipal, qui, contraint par l'Autorité, avait fait la demande d'un vicaire pour le haut, et cela en 1844, voyant que cet état de choses était contraire aux véritables intérêts de la Commune, refusa en 1846 de voter le traitement du vicaire, et en

1847 le vota, mais sous la condition que le vicaire dirait la Messe, non dans l'ancienne église, mais dans la nouvelle ;

Que, plus tard, ce culte a été de nouveau supprimé, l'église supérieure fermée, mais que maintenant l'église a été réouverte, la révolution de 1848 étant venu jeter dans la Commune une nouvelle matière de division et faire de la question de l'église une question de parti, comme il va être dit ;

Que cet état actuel est contraire aux intérêts de l'Etat, de la religion, de la Commune, et de la fabrique.

Il est contraire à l'intérêt de l'État : en effet, l'intérêt de l'État est, que la bonne harmonie et non la guerre civile règne dans toutes les parties de son territoire: de l'existence de ces deux cultes est née une vraie guerre civile, dans Collonges, qui a failli même se traduire en voie de faits en plusieurs circonstances. Cette guerre civile a eu deux causes; la première, est la mauvaise humeur des habitants du haut de Collonges, qui, par la construction de l'église ont cru que leurs propriétés perdraient de leur valeur ; la seconde est résultée de la fermentation des passions politiques. 1848 a produit des effets désastreux dans la commune de Collonges comme ailleurs ; l'opposition à l'autorité civile et religieuse, trouvant un élément de discordes, tout préparé, s'en est emparé avec satisfaction, et son audace s'est accrue par le succès. — Ceci est tellement vrai, que parmi les opposans à l'église centrale, parmi les membres même du Conseil municipal, dissout par arrêté du Préfet en date du 14 février dernier , on compte les partisans les plus zélés et les plus entreprenans de cette même église lors de sa construction ; la haine politique l'a emporté chez eux sur la considération de leurs propres intérêts.

Ainsi, d'une part, l'intérêt privé a lutté avec persévérance contre l'intérêt général ; d'autre part, les passions subversives de l'ordre social se sont coalisées, avec habileté, avec les intérêts privés d'un certain nombre d'habitans pour obtenir une majorité, par crainte, pression ou autrement, et fomenter les aliments de discorde.

L'autorité civile et l'autorité religieuse sont déjà tombées en 1848 , victimes de cette coalition des intérêts privés et des passions politiques, et même sur la fin de novembre 1851 , des démarches actives ont été faites par le Conseil municipal d'alors, et *d'une manière unanime*, pour demander le renvoi du respectable ecclésiastique qui a remplacé celui que l'on avait fait renvoyer en 1848. Cette démarche, qui était en opposition avec l'opinion de la grande majorité de la Commune, prouve surabondamment tout ce que cette question d'une double église a de dissolvant et de contraire à l'ordre public.

Une preuve encore, c'est que les membres du Conseil municipal qui a été *unanime* pour redemander, soit le rétablissement d'une Messe dans l'église du haut, par sa délibération du 16 février 1851 , soit le renvoi du desservant Curé actuel, *ont été unanimes* aussi pour s'abstenir de voter lors des élections des membres du

Corps législatif, élections qui ont eu lieu postérieure-
ment à l'arrêté de dissolution.

L'Autorité préfectorale antérieure à février 1848,
avait itérativement défendu qu'aucune réparation fût
faite à l'avenir dans l'église du haut; le Conseil municipal postérieur à ladite époque, n'en a tenu aucun
compte, et a surpris de l'Autorité supérieure l'autorisation nécessaire pour faire de nouvelles réparations, et
a pris ensuite ces mêmes réparations pour un des consi-
dérants de sa délibération du 16 février 1851.

Cet état de choses est aussi contraire aux intérêts de
la Commune. Deux églises sont-elles nécessaires à Collonges? Cette Commune a une surface de 381 hectares;
sa population officielle actuelle est, d'après le dernier
recensement, de 939 habitants, et pendant l'été cette
population reçoit une augmentation d'environ deux à
trois cents personnes, qui toutes habitent dans le bas de
Collonges : pendant l'hiver l'église du haut peut être
visitée au plus par quarante habitants de Collonges.
Cet état exige-t-il qu'un vicaire soit payé par tous,
pour être utile à tous ou seulement à quelques-uns?

Les deux églises ne sont distantes l'une de l'autre que
de dix minutes, et de tous les quartiers de la Commune
c'est celui de l'ancienne église qui est le plus rapproché
de la nouvelle : il est donc le plus favorisé ; sa plainte
est donc tout-à-fait dénuée de fondement.

La population plus rapprochée de l'ancienne que de
la nouvelle église, n'arrive pas à *cent âmes*.

Le nombre des personnes de la Commune de Collonges qui fréquentent l'église du haut, est très-minime; mais le plus grand nombre des personnes qui s'y rendent, appartient à la Commune de St-Cyr, et trouvent ainsi fort commode de faire cinq minutes de chemin pour aller à une chapelle voisine, au lieu de mettre vingt minutes pour aller à leur église paroissiale. Cela explique les sollicitations puissantes et les démarches nombreuses qui ont été faites par des riches propriétaires de la Commune de St-Cyr, intéressés à obtenir le maintien de l'église du haut dont ils profitent sans rien payer.

En outre, la plupart des habitants du haut sont obligés de descendre le dimanche, et de passer près de la nouvelle église ; car tous les bouchers, boulangers, épiciers, bureau de tabac, serruriers, maçons, cafetiers, cabaretiers, se trouvent dans le bas de Collonges, et même à près d'un quart-d'heure au-dessous de la nouvelle église. On ne trouve pas trop éloigné pour aller faire ces courses; ce n'est que pour aller à l'office divin que les habitants du haut se trouvent trop éloignés.

Mais si deux églises sont inutiles à Collonges, deux Messes y sont indispensables. Les maisons sont isolées, il est impossible de les laisser seules pendant les offices, et ces deux Messes ne peuvent être dites que dans l'église centrale qui est à la portée de tous. Aussi, comme par suite de la volonté de Monseigneur de Bonald, donnée par écrit le 5 mars 1851, une Messe se dit dans l'église du haut, les dimanches et jours de fêtes, les habitants demeurant au levant, nord et midi de la nouvelle église, et qui en sont déjà très-éloignés pour la plupart, ne pouvant ajouter à cet éloignement tout l'espace qui sépare encore la nouvelle église de l'ancienne, manquent la Messe, ou s'ils ne veulent pas s'en passer, vont l'entendre à St-Rambert ou à Fontaines. Les membres de la Paroisse n'ont plus l'esprit qu'ils devraient avoir; les offices n'ont plus cette pompe, cette solennité et cet enthousiasme qui résulte de la présence de toute une Paroisse au pied de ses autels, où maintenant sans se hâter, on est toujours sûr d'avoir largement de la place: les offices, les vêpres, sont abandonnés.

Comme la première Messe à l'église paroissiale, est la Grande Messe, qui se dit à neuf heures en été et à dix heures en hiver, et dont on ne sort qu'à onze heures ou midi, les sacrements sont peu fréquentés, ou ceux qui tiennent aux sacrements et résistent aux obstacles matériels qui leur sont opposés, vont à St-Rambert ou à Fontaines.

Cette nécessité pour un grand nombre de personnes, d'aller dans les paroisses voisines pour entendre la Messe, constitue une très-grande perte pour la fabrique de l'église qui est chargée de plus de fr. 4,000 de dettes, est sans ornemens et sans linge, et dont l'église, construite avec économie, a besoin de nombreux embellissemens.

En outre, obligée d'entretenir le culte dans l'ancienne église, la fabrique a double dépense à faire, et cependant par l'état de choses existant, ses ressources sont énormément diminuées.

Les donateurs de la nouvelle église, considérant que la donation par eux faite n'était pas exécutée par la Commune, ont formé à celle-ci une demande en résiliation de la donation, par exploit de l'huissier Aubert, en date du 8 avril 1850 ; cette demande a été rejetée, par un jugement du Tribunal de première instance de Lyon, en date du 22 mai 1851 ; appel a été interjeté.

Quelque soit la solution à intervenir, il en résulte néanmoins que la Commune est accusée d'avoir manqué à ses engagemens par une grande partie de ses habitants. Quel est celui des donateurs qui voudra, à l'avenir, faire une donation à la Commune en voyant la manière dont il est possible que des Administrateurs se refusent à observer les engagemens que l'on a contractés.

Monseigneur le Cardinal assimile *l'ancienne église de Collonges* à une chapelle *domestique*, et ne voit pas pourquoi on n'en donnerait pas une aux habitants du haut, comme on donne une chapelle à une habitation, à un pensionnat. Monseigneur aurait raison si, après les ordonnances précitées, on eût procédé à la mise en vente de l'ancienne église, comme on l'a fait pour l'ancien presbytère, et si alors les habitants du haut, acquéreurs en leur propre et privé nom de l'ancienne église, y plaçaient un Prêtre à leurs frais pour y dire la Messe, avec l'autorisation ecclésiastique ; mais ici le culte est exercé par le desservant ou son vicaire, salariés par la Commune et l'État, dans un local appartenant à la Commune : ce n'est donc pas une chapelle domestique, c'est un culte communal.

Dix années de troubles , de divisions, de souffrances, d'affaiblissement progressif de la religion , ont assez prouvé combien la réouverture de l'ancienne église de Collonges a été une mesure malheureuse pour la Commune. Le système de concessions successives , que semble avoir adopté à ce sujet l'Autorité ecclésiastique, ne fait que rendre encore chaque jour plus désastreuse cette déplorable mesure.

Il est donc temps de suivre une marche toute contraire à celle suivie jusqu'à ce jour ; la justice, la raison l'indiquent.

Si on veut maintenir l'église du haut dans l'état actuel, *et* rétablir en même temps d'une manière définitive la paix à Collonges, on ne peut le faire qu'en formant une Commune séparée de la portion de la commune de Collonges, qui se trouve plus rapprochée de l'ancienne église que de la nouvelle ; ou en annexant cette portion à la commune de St-Cyr.

Mais cette solution présente plus de difficultés , que la suppression pure et simple de l'église du haut.

En résumé

Des motifs qui précèdent, et de ceux développés dans la discussion , et que le Conseil a jugé inutiles d'énumérer , il résulte :

1° Que le maintien du culte dans l'ancienne église à Collonges est un sujet de trouble et de discordes perpétuelles pour cette Commune et un aliment aux passions politiques ;

2ᵉ Qu'il rend impossible toute administration civile et religieuse ;

3ᵉ Qu'il tend à amener l'affaiblissement de la religion dans la Paroisse, et on pourrait dire sa ruine totale dans un temps donné ;

4° Qu'il établit une injustice flagrante en faisant payer par tous un culte isolé qui n'est utile qu'à un très-petit nombre, et en favorisant quelques individus au détriment de la Commune ;

5° Qu'il est ruineux pour la fabrique.

En conséquence, *à l'unanimité,* le Conseil décide que le présent Mémoire sera adressé à M. le Préfet, avec prière de le communiquer à Monseigneur le Cardinal de Bonald, Archevêque de Lyon, afin que sa religion soit éclairée sur cette question.

Lecture faite, tous les membres présens et sus-nommés ont signé.

> B. VALANSOT, *vice - président de la Commission municipale.* — Nizier SERVANDON. — N.-J. MERCIER. — MERCIER. — BRIANDAS. — VERGNAIS Balthazard. — Noël LEMIRE. — CHASTEL.

MOREL, *président de la Commission municipale.*

Publié par les soins des Membres de la Commission pour la construction de la nouvelle église.